Heide Schulz

ADVENT

in Weimar - Jena um 1800

klassisch & romantisch

ISBN 978-3-943210-34-7

Satz,Layout und	Buchverlag König, Greiz/Thüringen
Bildbearbeitung:	Satz- und Layoutstudio, G. E. König
Umschlaggestaltung:	Satz- und Layoutstudio, G. E. König

Druck & Verarbeitung: TOTEM digital print, Inowroclaw, Polen

Heide Schulz

ADVENT

in Weimar - Jena um 1800

klassisch & romantisch

KÖNIG

Inhaltsverzeichnis

Liebe Leserin, lieber Leser,

lassen Sie sich einladen zu einem Besuch in dem von Goethe als Doppelstadt bezeichneten Weimar-Jena. Dort werden Sie auf die Weimaraner treffen, unter denen der Dichter nicht etwa - Sie werden es schon geahnt haben - die berühmte Hunderasse, sondern seine Mitbürger und Zeitgenossen verstand. Es geht um einen Zeitraum von etwa fünf Jahrzehnten, in denen viele hervorragende Menschen hier lebten, in regem Kontakt miteinander standen und eine Epoche prägten, die als „Weimarer Klassik" bis in die heutige Zeit hinüberstrahlt.

Ein besonderes Phänomen stellt die Tatsache dar, dass sich noch während der klassischen Periode die Gruppe der Frühromantiker in Jena zusammenfand, die für lebhaften und temperamentvollen gedanklichen Austausch sorgte. Ein Glück für die staunende Nachwelt ist es, dass all diese interessanten Menschen passionierte Briefschreiber waren, so dass es keine Schwierigkeiten bereitete, Aufschluss über Gedanken, Gefühle und Ereignisse zu gewinnen, die ihnen in den Wochen vor Weihnachten bemerkenswert erschienen. Diese werden nicht in chronologischer Reihenfolge dargestellt, vielmehr sind einzelne Personen und die behandelten Themen für die Zuordnung der Texte zu den einzelnen Adventstagen maßgeblich. Neben den Briefen wurden als weitere Quellen dichterische Texte, Zeitungsartikel, Sachliteratur und Biografien herangezogen. Bei wörtlichen Zitaten wurde die originale Rechtschreibung unverändert übernommen.

Es empfiehlt sich, das Lesevergnügen jeweils auf eine Episode zu beschränken, um sich damit täglich eine kleine Überraschung zu sichern.

1. KAPITEL
Poesie vom Feinsten

Im Dezember 1781 trifft ein Päckchen von Goethes Mutter aus Frankfurt bei Herzogin Anna Amalias Hofdame Louise Ernestine Christiane von Göchhausen ein. In dem beiliegenden Gedicht wird sie als „Thusnelde“ tituliert. Dieser Spitzname war ihr wegen ihrer betont martialischen Körperhaltung verpasst worden.

Geliebtes Freulein!
Die Mode es ist, daß frommen Kindern der
heilige Christ
Wann sie das Jahr hübsch brav gewesen,
manch schöne Gabe hat auserlesen.
Torten, Rosinen, Gärten mit Lichtern,
Herrn und Dammen mit höltzern Gesichtern,
Äpffel und Birn, Geigen und Flöten,
Zuckerwerck, Ruthen, Mandlen, Pasteten
Reuter mit Pferden, gut ausstaffirt
nachdem ein jedes sich aufgeführt.
Da nun Frau Aja wohlgemuth -
Den alten Gebräuchen ist herzlich gut
Und Freulein Thusnelde in diesem Jahr
gantz auserordentlich artig war
So schickt sie hier ein Bildnüß fein,
Das Ihnen wohl mögte Kentlich seyn;
Und bittet es zum Angedencken,
An Ihren Schwannen Hals zu hencken.
Dadurch ihm dann große Ehre geschicht
s ist aber auch drauf eingericht!
Eitel Gold von vornen, von hinten,

Louise Ernestine Christiane von Göchhausen (1752-1807) um das Jahr 1780 - Handzeichnung von Johann Wolfgang von Goethe (1749-1832).

Das müßten Sie freylich treflich finden.
Dafür verlang ich ohn Ihr beschweren
Daß Sie mir eine Bitte gewähren.
Mit Ihnen mein Freulein zu discuriren,
thu ich oft große Lusten verspühren.
Doch ist der Weg verteufelt weit,
Zum Reißen ist jetz garstige Zeit
Drum tu ich Ihnen zu Gemüthe führen
mit meinem Gesicht eins zu parliren
Antworten wirds Ihnen wohl freylich nie
Allein wer läugnet Simpatie!
Da wird sich mein Hertzlein vor Freude bewegen
Daß mein Gedächtnüß blüht im Segen
Bey Menschen die Bieder, gut und treu,
Voll waarer Freundschaft ohn Heucheley
Den heut zu Tag sind Freundschafftthaten
So rahr wie unbeschnittne Ducaten -
Doch ist Frau Aja auserkohrn
In einem guten Zeichen gebohrn
Kent brave Leute deß ist sie froh,
und singt In dulci Jubilo.
Auch freut sie sich Hertzinniglich,
Daß sie kann unterschreiben sich
Dero wahre Freund und Dienerin,
Die ich gewiß von Hertzen bin.

C. E. Goethe

2. KAPITEL
Makabere Geschenke

Für Freunde des Außergewöhnlichen stellt der Bleikeller im Dom zu Bremen eine ganz besondere Attraktion dar.

So auch für den in der Stadt praktizierenden Arzt Dr. Nicolaus Meyer, der seit seiner Studienzeit in Jena ein glühender Verehrer Goethes ist.

Er verschafft sich Zugang zu dem unterirdischen Raum, in dem Leichen aufbewahrt werden, die auf Grund der trockenen Luftatmosphäre mumifiziert sind. Die Körper sind damals noch nicht durch Glasplatten vor fremdem Zugriff geschützt und so kann der Eindringling in einem unbeobachteten Moment den Finger einer jung Verstorbenen, die erst später auf einem städtischen Friedhof bestattet wurde, abtrennen, an sich nehmen und sie seinem langjährigen Briefpartner und Idol Goethe zwecks wissenschaftlicher Studien zusenden. Goethe soll das corpus delicti nach einiger Zeit seinem Sohn August vermacht haben.

Allerdings war er von Dr. Meyer, der als junger Studiosus zeitweilig im Haus am Frauenplan logiert hatte, bereits Unappetitliches gewohnt.

Um für seine Doktorarbeit das Skelett von Mäusen zu untersuchen, hatte dieser die Tierchen damals zum Entsetzen der Tante Vulpius auf dem goetheschen Küchenherd weichgekocht.

Wie man sich leicht vorstellen kann, erzielte das originelle „Geschenk“ nicht die erhoffte Wirkung. Der Dichter ließ sich nicht zu einem Besuch in Bremen animieren.

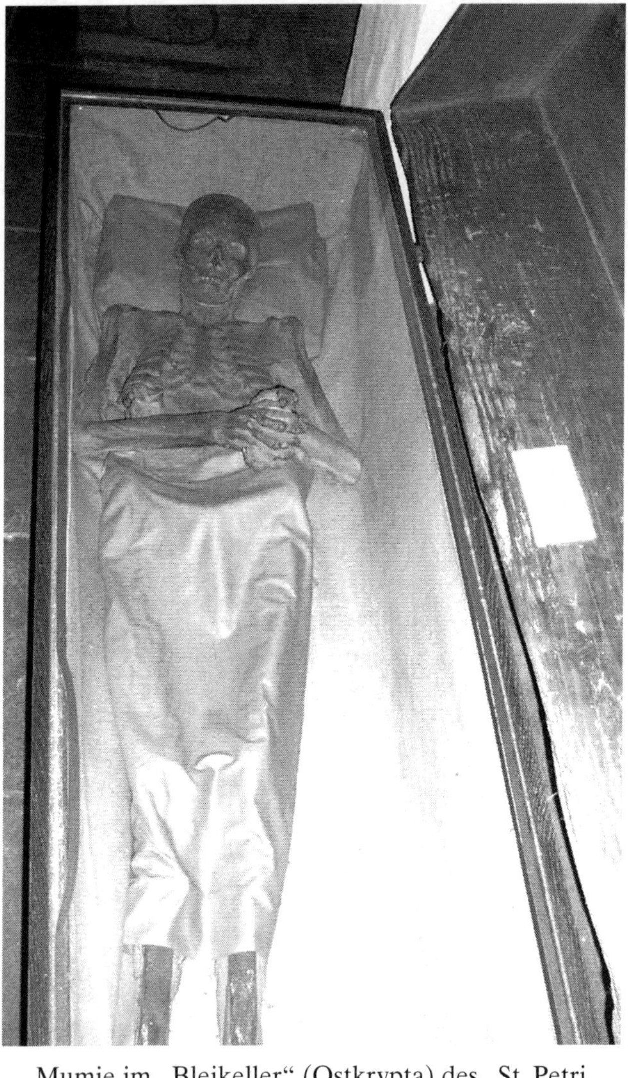

Mumie im „Bleikeller“ (Ostkrypta) des „St. Petri Domes“ in Bremen, die um 1698 zufällig von den Gesellen des Orgelbauers Schnitger entdeckt wurde.

Dagegen nimmt sich ein Geschenk, das er bei seiner Mutter in Frankfurt bestellt, vergleichsweise harmlos aus. Der fürsorgliche Vater will seinen im Jahr der Französischen Revolution (1789) geborenen Sohn zum Weihnachtsfest, gleichzeitig dem vierten Geburtstag des Kleinen, mit einer Spielzeug-Guillotine beglücken, mit welcher dieser Aristokraten in Form von Wachspuppen hätte enthaupten können. Doch der Vater macht die Rechnung ohne die resolute und warmherzige Großmutter.

In dem morgigen Beitrag können Sie die Antwort lesen, mit der Frau Aja Ihrem gedankenlosen Sohn – und nicht nur ihm – die Leviten liest.

3. KAPITEL

Hier nun also Frau Aja im Originalton:

Lieber Sohn!

Alles was ich Dir zu Gefallen thun kan, geschieht gern und macht mir selbst Freude – aber eine solche jnfame Mordmaschine zu kaufen – das thue ich um keinen preiß – wäre ich Obrigkeit, die Verfertiger hätten an Halseißen gemußt – und die Maschine hätte ich durch den Schinder offendtlich verbrennenlaßen – was! die Jugendt mit soetwas abscheuliches spielen zu laßen – ihnen Mord und Blutvergießen als einen Zeitvertreib in die Hände zu geben – nein da wird nichts draus.

Sinn für das Nützliche

Stattdessen trifft beim Legationsrath Goethe regelmäßig Ess- und Tragbares vom Frankfurter Christkindel ein. In den Jahren 1784 -1806 z. B.:

- „Bonbons nebst einem Geldbeutel, weil mir die Farbe und Gattung artig däuchte“,
- „prächtiger Frankfurther Konfeckt“,
- Halstücher für die „Jungfern Mägde“,
- „Taffendt“ für „ein Caracter Anzug für das Carneval“ für den Enkel August.
- „Zeug, das warm hält und doch leicht ist“.

Besonders liebevoll wird die Auswahl für die 1806 frisch vermählte Christiane von Goethe getroffen: „Hier erscheint das Christkindlein – hoffe, daß es Beyfall erhalten werde! Zwar habe ich einigen Zweifel – erstlich, weil ich nicht unterrichtet war, welche farbe meiner Lieben Tochter lieblings Farbe ist – denn jeder hat so seine Farben die er mag z. E. ich kann die Blaue Farbe seye sie dunckel oder hell nicht aus stehn – da ich nun über diesen Punct im Dunckeln war; so nahm ich im auswählen das alte Sprichwort in Obacht – was schmutzt, das putzt – daher wählte ich zum überrock als zum andern helle Farben – habe ichs getroffen; so ists mir sehr lieb, wo nicht, so belehrt mich einandermahl eines beßern.“

Mit diesem Geschenk möchte Frau Aja sicher auch dem „Lieben Weibgen“ ihres Sohnes Dank abstatten. War sie es doch gewesen, die marodierenden französischen Besatzungssoldaten beherzt entgegengetreten war und mit Umsicht den Hausstand ver-

Bildnis der Katharina Elisabeth Goethe mit weißer Spitzenhaube (1731-1808), Goethes Mutter - Öl auf Leinwand, Maler unbekannt.

teidigt hatte. Die Schwiegermutter schreibt hierzu: „Ihr schönes – heroisches – haushälterisches Betragen hat mein Herz erfreut“.

Der Herzogin Anna Amalia wird eine besondere Delikatesse aus Frankfurt avisiert: „Sobald es die Witterung zuläßt, sollen Schwartemägen von der besten Fabrick sich einfinden. – Mir wird es die größte Gnade seyn, wenn Ihro Durchlaucht davon speißen und Derjenigen dabey sich erinnern, die biß ans Ende ihrer Tage ist

Deren unterthänigste
treugehorsambste Dienerin
Goethe“.

4. KAPITEL
Junges Glück

Eigentlich hat der junge Friedrich Schiller es anders geplant. 1787 kommt er nach Weimar, um dort seine ménage à trois mit Charlotte von Kalb und deren Ehemann weiterzuführen. Doch er gerät in den Bann der beiden Lengefeld-Schwestern Caroline und Charlotte in Rudolstadt, die ihn schwärmerisch lieben. Der junge Mann sucht beide an sich zu binden, indem er fast täglich Briefe schreibt, mal an die Jüngere, mal an die Ältere, dann wieder an beide gemeinsam. Da heißt es z. B.: „Ihre beiderseitige Harmonie ist ein schöner Genuß für mich, weil ich Sie in meinem Herzen vereinige, wie Sie sich selbst vereinigt haben.“

Durch Goethes Vermittlung wird Schiller im Dezember 1788 die Anstellung als außerordentlicher Professor der Geschichte in Jena zugesagt. Nicht so begeistert wie seine Freundinnen äußert Schiller sich über den bevorstehenden Verlust seiner „goldenen Freyheit“: „In dieser neuen Lage werde ich mir selbst lächerlich vorkommen. Mancher Student weiss vielleicht schon mehr Geschichte als der Herr Professor. Indeßen denke ich hier wie Sancho Pansa über seine Statthalterschaft: wem Gott ein Amt gibt, dem gibt er auch Verstand und habe ich nun erst die Insel, so will ich sie regieren wie ein Daus.“

Die grandiose Antrittsvorlesung ist vielversprechend und Charlotte lauscht später als seine junge Ehefrau häufig im Nebenzimmer den Vorlesungen.

Schiller (2. v. l.) auf dem Wege zu seiner Antrittsvorlesung, die am 26. Mai 1789 im Griesbachhaus stattfand. Historiengemälde von Erich Kuithan.

Charlotte Luise Antoinette von Lengefeld (1766-1826), die spätere Ehefrau von Schiller - Zeichnung von Friedrich Pecht (1814-1903).

Für sie, die Stillere, Ernsthafte, Sanfte und Freundliche, hat Schiller sich entschieden, ohne auf die Nähe der geistreicheren, fantasievolleren Caroline verzichten zu wollen. Ganz unverblümt schreibt er noch kurz vor der Hochzeit an seine Braut Charlotte: „Caroline hat mehr Empfindungen in mir zur Sprache gebracht als du, meine Lotte […]. Was Caroline vor dir voraus hat, musst du von mir empfangen: Deine Seele muss sich in meiner Liebe entfalten, und mein Geschöpf musst du sein."

Ein Glück nur für Lotte, dass Caroline bald bewusst wird, dass eine allzu große Nähe das Eheglück ihrer Schwester beeinträchtigt, und sie zieht sich zurück. Nach ihrer Scheidung von ihrem Noch-Ehemann von Beulwitz geht sie die Ehe mit dem Diplomaten Wilhelm von Wolzogen ein und wird in Weimar zum Mittelpunkt eines geselligen Kreises. Später schreibt sie die erste Schiller-Biographie. Goethe betrachtet es seinen eigenen Worten nach als eine Ehre, dass er lange Zeit als Verfasser ihres anonym erschienenen Romans „Agnes von Lilien" betrachtet wird.

5. KAPITEL
Süßer Exportschlager

Genial fügen sich die Kreationen des Küchenmeisters René François Le Goullon in das Konzept der führenden Geister Weimars ein.

Nicht nur den Verstand will man durch die Kunst erreichen, sondern mit der Seele und allen Sinnen soll sie erfahrbar sein. Le Goullon setzt diese Bestrebungen in die Praxis um.

Als Zwanzigjährigen hatte Herzogin Anna Amalia den Sohn eines französischen Gastwirts in Kassel „entdeckt“ und ihn für ihren Hof engagiert. Der Titel des ersten Buchs aus der Feder ihres begnadeten Küchenmeisters liest sich wie die Umsetzung der vielgepriesenen zwanglosen Geselligkeit, die sie pflegte: „Der elegante Théetisch oder die Kunst, einen Zirkel auf eine geschmackvolle und anständige Art ohne großen Aufwand zu bewirten.“

Berühmt wird der Star-Koch, als er nach seiner Rückkehr von einer Italienreise mit Hilfe antikisierender gläserner Schablonen mit der Produktion von Gemmen aus einer Zuckermasse in sieben unterschiedlichen Geschmacksrichtungen und Farben beginnt. Es stehen ihm siebzig Motive der antiken Götter- und Heldenwelt zur Verfügung. Der Archäologe und Gymnasialdirektor C. A. Böttiger äußert begeistert, es sei reizvoll, „die ganze Mythologie in Zuckerpasten zu studieren“, bevor man sie sich einverleibe.

Der „alte Heide“ Goethe verteilt die hauchdünnen oblatenähnlichen Gebilde beim Abschied – quasi als Abendmahl – an seine Gäste mit den Worten: „Zu meinem Gedächtnis“.

Bald beginnt ein lukrativer Versandhandel mit den begehrten Objekten, der so viel abwirft, dass Le Goullon sich selbständig machen und den heute noch bestehenden „Sächsischen Hof“ am heutigen „Herderplatz“ gründen kann.

Auch ein Feinschmecker-Restaurant in Weimar führt seinen Namen und Weimarer Köche legen

Das Gasthaus „Sächsischer Hof“ in Weimar am „Herderplatz“, das François René Le Goullon gründete - Foto: Tsangam (2016).

nach alter Tradition am Geburtstag Le Goullons, also am 1.Oktober, Blumen an seinem Grab nieder.

Rechtzeitig zum 24.12. wird Ihnen, liebe Leserin und lieber Leser, Le Goullons Punsch-Rezept verraten werden. Einen guten Weißwein haben Sie sicher bereits im Keller gelagert.

6. KAPITEL
O du fröhliche ...

Heute, am Nikolaustag ist es an der Zeit, schon einmal das Büchlein mit den Advents- und Weihnachtsliedern hervorzusuchen. Darin finden wir auf jeden Fall das im Titel genannte. Wer kennt es nicht, dieses einprägsame Lied?

Dass sein Geburtsort Weimar ist, dürfte wohl den Wenigsten bekannt sein. Dort hatte es der Superintendent und Dichter Johann Gottfried Herder ursprünglich in seine Liedersammlung „Stimmen der Völker“ mitaufgenommen, doch noch mit einem vollkommen anderen Text. „Die einfache sanfte Melodie“ des „sicilianischen Schifferliedes“ hatte es ihm wohl besonders angetan, denn diese fügt er in Notenschrift – als einzigem Lied in seiner Sammlung in seinem Manuskript dem Text bei. Publiziert wird das Lied nicht in der ersten, sondern in einer posthum gedruckten Ausgabe. Man hatte zunächst gezögert, das fromme von dem Dichter übersetzte Marienlied unter die volkstümlichen Weisen mit aufzunehmen. Erst der „Waisenvater“ Johannes Da-

Porträt des deutschen Dichters, Übersetzers und Theologen Johann Gottfried Herder - Gemälde von Anton Graff (1736-1813).

niel Falk unterlegt der Melodie den Text seines „Allerdreifesttagslieds“, wobei die 1. Strophe fast wortgleich mit der uns geläufigen ist. Doch dann folgt:

2. O du fröhliche,/ O du selige,
Gnadenbringende Osterzeit!
Welt liegt in Banden,
Christ ist erstanden.
Freue dich ...

3. O du fröhliche, o du selige
Gnadenbringende Pfingstenzeit!
Christ, unser Meister;
heiligt die Geister.
Freue dich …

4. Gloria dir Dreyeinigkeit!
In Ewigkeit!
Du bist, du warst vor aller Zeit,
und bleibst es bis in Ewigkeit!
Gloria! Gloria!

Etwas später schuf Falks Mitarbeiter Heinrich Holzschuher den Text in der heute gesungenen Form.

Morgen mehr von dem Journalisten und Goethe-Biografen, dem „Waisenvater“ Falk.

7. KAPITEL

Johannes Daniel Falk, ein Helfer in der Not

Als Segen für die Stadt und das Umland erweist es sich, dass der 29jährige Falk, der nach seinem Theologiestudium als freier Journalist und Schriftsteller wirkt, von C. M. Wieland nach Weimar gerufen wird. Seine Freundschaft zu den literarischen Größen der Stadt ist wegen seiner kritischen, politisch satirischen Schriften Schwankungen unterworfen. Wegen seines Aufrufs zum Kampf gegen Napoleon tritt Goethe – allerdings erfolglos – sogar für seine Ausweisung aus der Stadt ein. Doch in Zeiten der Not, z. B. 1806 und 1813, als marodierende und plündernde französische Soldateska das Weimarer Land heimsucht, bewährt das bisherige „enfant terrible" sich glänzend. Energisch tritt er den Männern entgegen, die ebenso Hunger leiden wie die einheimische Bevölkerung, die sich in ihren Häusern verbarrikadiert. Er sagt ihnen Verpflegung und Unterkunft zu und da er dieses Versprechen hält, bewahrt er die Stadt vor den schlimmsten Ausschreitungen. Dieses spontane Handeln jenseits allen Freund-Feind-Denkens findet letztlich Anerkennung, auch auf höchster Ebene. Der französische Stadtkommandant bedankt sich überschwänglich, Herzog Carl August ernennt Falk zum Legationsrat und lässt ihm durch Goethe den „Weißen-Falken-Orden" verleihen.

Doch Falks wichtigste Aufgabe soll erst noch beginnen. Gemeinsam mit dem Prediger Karl Horn gründet er die „Gesellschaft der Freunde in der

Porträt des evangelischen Schriftstellers und Kirchenlieddichters Johannes Daniel Falk (1768-1826) - Pastell eines unbekannten Künstlers, um 1800.

Not", die sich vor allem der obdachlosen, herumstreunenden Kriegswaisen annimmt. Gemeinsam mit ihnen baut er später das heute als „Lutherhaus" bekannte verfallene Gebäude wieder auf und lebt dort mit seinen Schutzbefohlenen. In engagierter sozial-pädagogischer Arbeit ermöglicht er den aus der Bahn geworfenen Jugendlichen – im Laufe der Jahre werden es mehr als Fünfhundert sein – die Rückkehr in ein geregeltes bürgerliches Leben. Einprägsam formuliert das einer von ihnen in dem Text unter einem Kupferstich: „Ich breche nicht mehr Häuser auf; Ich baue welche!"

Persönlich begreift Falk seine soziale Rettungsarbeit als „unverwelkliche Himmelsblumen" für die Gräber seiner während einer Typhus-Epedemie im Jahre 1813 verstorbenen vier Kinder. Aus tiefster Verzweiflung war er zu der Gewissheit gelangt: „Gott hat mir meine Kinder genommen, damit ich mich den verlorenen und heimatlosen zuwende."

8. KAPITEL
Der Teetisch der Johanna Schopenhauer

Erster Weihnachtstag 1806. - „Frau Hofräthin" Johanna Schopenhauer freut sich, dass auch an diesem besonderen Datum ihr väterlicher Freund Goethe zum „jour fixe" erschienen ist. Dieser findet zur Herbst- und Winterzeit an Donnerstagen und Sonntagen von 17.00 bis 21.00 statt. Doch der begehrte Ankömmling lässt sich Zeit mit der Begrüßung der im Salon Versammelten. Stattdessen ist lautes Lachen und Scherzen aus dem Kinderzimmer zu hören und nach geraumer Zeit lässt sich der Geheime Rath von Johannas Tochter Adele in das Weihnachtszimmer führen, wo er gemeinsam mit ihr und einer Freundin die neu geschenkten niedlichen Püppchen tanzen lässt.

Diese in der Kindheit erfahrene Zuwendung wird Adele mit einer lebenslänglichen Anhänglichkeit an den großen Meister vergelten. Von welch ambivalenten Gefühlen diese begleitet ist, stellt Thomas Mann wahrscheinlich sehr treffend in dem Roman „Lotte in Weimar“ dar. Die Karikatur als blaustrümpfige „Adel-Muse“ sollte allerdings deren Talente als Autorin und hervorragende Künstlerin auf dem Gebiet des Scherenschnitts nicht vergessen lassen.

An diesem besonderen Tag sonnt sich die neu zugereiste verwitwete Mutter des späteren Philosophen Arthur Schopenhauer in der gesellschaftlichen Anerkennung als „wahre Weimaranerin“. Diese hat sie sich laut Goethe erworben, indem sie sich auf selbstlose Weise tatkräftig für die Opfer des Krieges bei Jena / Auerstedt einsetzt und damit ihre „Feuertaufe“ besteht.

Auch die gesellschaftlich gemiedene Christiane von Goethe gehört zum Kreis der liberal gesonnenen Danziger Hanseatin, die ihre Kritik an diesem Boykott prägnant formuliert: „Wenn Goethe ihr seinen Namen gibt, können wir ihr wohl eine Tasse Tee geben.“

Porträt Adele Schopenhauers (1797-1849), der Tochter der Schriftstellerin Johanna Schopenhauer (1766-1838). Zeichnung von Alexander von Sternberg.

9. KAPITEL
Freundschaftsdienst

Ein trauriges Ereignis verdunkelt die Adventstage des Jahres 1808 im Salon der Johanna Schopenhauer an der „Esplanade“ im Zentrum Weimars. Diese hat den ihr besonders vertrauten, seit einiger Zeit verwitweten Freund, den Kunstschriftsteller und Bibliothekar Carl Ludwig Fernow, bei sich aufgenommen. Sie hofft, den Todkranken hier von seinen Leiden – Fieberattacken, Schmerzen in der Brust und Schwäche – ablenken und besser pflegen zu können. Gemeinsam redigieren sie einige Schriften Fernows. Wilhelm von Humboldt, der alte Bekannte aus dem lange zurückliegenden Aufenthalt in Rom, kommt aus Berlin zu Besuch. Am 4. Dezember morgens findet Johanna den Freund, der darum gebeten hatte, ihn allein zu lassen, tot in seinem Bett auf.

Zum Schmerz gesellt sich die Sorge um die Zukunft der beiden hinterlassenen Söhne. Der Verleger Bertuch, nun Vormund der Kinder, erreicht vom herzoglichen Hof die Zusage, Fernows wertvolle Bibliothek zu übernehmen und als Entgelt die Erziehung der Minderjährigen zu finanzieren. Doch zur allseitigen Überraschung stellt sich heraus, dass die in Frage kommenden Bücher bereits an den Verleger Cotta verpfändet sind. Dieser erklärt sich jedoch bereit, alle Schulden zu erlassen, wenn Madame Schopenhauer ihm einen Lebensabriss des Verstorbenen schriebe. Kostenlos, versteht sich. Johanna bewältigt diese Aufgabe mit Bravour: Sie sichtet umfangreiches Material, wertet Briefe, Dokumente und Manuskripte aus, ordnet sie, schreibt ver-

Porträt des Kunsttheoretikers, Romanisten und Bibliothekars Carl Ludwig Fernow (1763-1808) - Zeichnung von Gerhard von Kügelgen, 1802.

bindende Texte und so erscheint 1810 das Buch unter dem Titel „Carl Ludwig Fernows Leben". In digitalisierter Form ist es übrigens im Internet abrufbar. Spannend ist es, die Lebensstationen des Sohnes armer Bauern aus der Uckermark zu verfolgen, der durch Fleiß, aber auch durch glückliche Fügungen und großzügige Förderung eine beispiellose Karriere durchläuft: Studium in Jena, Aufenthalt in Italien, Professur in Jena, Bibliothekar in Weimar und schließlich auf Goethes Wunsch Mitwirkender an der Schrift „Winckelmann und sein Jahrhundert".

Fernow gilt als einer der bedeutendsten Kunsttheoretiker seiner Zeit.

10. KAPITEL
Traumland Italien

Die zweitausend Bücher aus dem Nachlass Fernows vermehren erheblich den Bestand an italienischsprachigen Exemplaren in der herzoglichen Bibliothek, für die er auch vorher schon häufig italienische Literatur angeschafft hatte. Eine eifrige Leserin ist die Herzoginmutter Anna Amalia. Von ihrem Italienaufenthalt in den Jahren 1788-1790 hatte sie sich erhofft, „alles Unangenehme, was man in der Welt erfahren hat", zu vergessen und dadurch ein „neugeborener Mensch zu werden." - Ihr Traum scheint sich erfüllt zu haben. Doch kann sie die dort erfahrene Freiheit voller Lebensfreude und Kunstgenuss nach ihrer Rückkehr in die Weimarer Wirk-

Porträt der Herzogin Anna Amalia von Sachsen-Weimar und Eisenach (1739-1807) - Gemälde von Johann Friedrich August Tischbein, 1795.

lichkeit weiter verwirklichen? So viel wie möglich sucht sie in ihr alltägliches Leben hinüberzuretten.

Im Sommer 1800 lädt sie Fernow für mehrere Wochen auf ihr Schlösschen Tiefurt ein, wo dieser nach seinem Eintreffen die Ankunft der „wohlthätigen Fee" kaum erwarten kann. Mit Rücksicht auf seinen angegriffenen Gesundheitszustand kann er nur an der Mittagstafel erscheinen und seinen Zuhörern – u. a. Wieland – nachmittags aus dem „Orlando" von Ariost jeweils einen Gesang vorlesen. Ein Jahr später wird seine Übersetzung des fünfbändigen Werks veröffentlicht werden. Seinem Freund, dem Hofmarschall von Einsiedel, vertraut er bei einem Spaziergang an: „Wenn ich auch zu Fuße eben so langsam nach Italien reisen könnte, ich entschlösse mich mit Freuden dazu." Weiter berichtet von Einsiedel: „Der Wunsch, Italien wieder zu sehen, beschäftigte seine Fürstin nicht minder, [..] Nach dem Ableben der Herzogin im Frühjahr 1807 verwaiste das anmuthige Tieffurth, dessen Schöpferin sie war. Wäre sie später in die Ewigkeit übergegangen, als unser Freund, so würde sie seinem Andenken ein Denkmal in diesem stillen Wohnort errichtet haben, wie sie es Mozart, Herder und Schiller errichtete." Stattdessen blieb es Fernow überlassen, seiner von ihm verehrten Gönnerin in einem würdigen Nachruf im „Journal des Luxus und der Moden" ein bleibendes Denkmal zu setzen.

11. KAPITEL
Schwärmerei

Die von Anna Amalia lang ersehnte Italienreise wird endlich, wie bereits erwähnt, in den Jahren 1788-1790 realisiert. Küchenmeister Le Goullon ist für das leibliche Wohl, der Dichter und Hofprediger Johann Gottfried Herder dagegen für die geistige Nahrung zuständig.

Während der eine der herzoglichen Reisegesellschaft in der schnellsten verfügbaren Kalesche vorauseilt, damit die Herrschaften am Zielort bereits mit einer dampfenden Mahlzeit empfangen werden, gibt der andere sich intensiven Kunstbetrachtungen und deren Vermittlung an seine Begleitung hin. Neben seiner Begeisterung für antike Skulpturen ist Herder auch einer Begegnung mit zeitgenössischer Kunst, vielmehr mit einer ihrer herausragendsten Vertreterinnen, nicht abgeneigt. In einem Brief an seine Ehefrau Caroline gerät er ins Schwärmen: „Morgen esse ich bei der Angelika [Kauffmann]... Sie ist eine gar zarte jungfräuliche Seele, wie eine Madonna oder wie ein Täubchen. In kleiner Gesellschaft zwischen zwei und drei ist sie gar lieblich; sie lebt aber sehr eingezogen, ich möchte sagen, in einer malerischen Ideenwelt, in der das Vögelchen auch nur alle Früchte und Blumen mit dem Schnäbelchen berührt. Ihr alter Zucchi ist ein braver Mann in seiner Art; er kommt mir aber immer wie ein venetianischer Alter in einer Komödie vor, und im Grunde wird mir hier alles ein Schauspiel."

Der Brief schließt mit dem „Glaubensbekenntnis", dass er „wahrscheinlich [!] mit sehr unbefange-

Selbstporträt der schweizerisch-österreichischen Malerin Angelika Kauffmann (1741-1807) aus dem Jahr 1784 im Alter von 42 Jahren.

nem Herzen wieder heimkehre. „ […] „in Dir wohnt ein guter, heiliger Geist, ich spüre es immer mehr von Tag zu Tage." Und: „Lebe wohl, liebe Gute, Du Einzige Deiner Art, [….] für die ich Gott im Himmel preise."

Der meist recht gut unterrichtete, allerdings dem Klatsch nicht ganz abgeneigte Journalist C. A. Böttiger mutmaßt in seinen Aufzeichnungen „Literarische Zustände und Zeitgenossen", dass es unter den Ehepartnern später zu „Neckereien" gekommen sei, da Caroline nun ihrerseits ihr Faible für den als Gast in Weimar weilenden Autor C. P. Moritz ins Spiel gebracht habe. Die von Böttiger vermutete drohende „Erkältung" unter den Eheleuten dürfte allerdings nicht lange angehalten haben.

12. KAPITEL
Eine emanzipierte Frau

Am 13. Dezember 1803 berichtet der Pädagoge und Journalist C. A. Böttiger seinem französischen Brieffreund Duvau, er habe zwei Stunden bei der erst tags zuvor in Weimar eingetroffenen Mme. de Stael „auf das angenehmste" verbracht. Offenbar findet er den Ruf der Exzentrizität, der ihr vorauseilt, nicht bestätigt. Denn er fährt fort: „Welch eine Frau! Mit dem größten Vorurtheil gegen sie ging ich hin, und wie bekehrt ging ich von ihr [.]. Göthe läßt sich in Jena,wo er seit vierzehn Tagen hauset, krank bei ihr entschuldigen, Herder ist im Sterben, Schiller spricht nicht französisch,Wieland hat ihr schon heute früh in einem zierlichen Billet gesagt, daß er französisch zu reden vergessen habe. Sie wird bei unsern Gelehrten wenig Erbauung finden!“

Doch die düstere Prognose Böttigers wird sich als unzutreffend erweisen. Die vor der Geheimpolizei Napoleons in deutsche Lande ausgewichene Tochter des ehemaligen französischen Finanzministers Necker, verehelichte Baronin de Stael-Holstein, wird bei Hofe freundlich empfangen. Anna Amalia urteilt über de Staels Roman „Delphine“, die Autorin habe der französischen Sprache mehr Kraft verliehen, als diese eigentlich besitze. Wieland äußert zwar den Wunsch nach einem „tête à tête“, lehnt jedoch eine prompt folgende Einladung mit Hinweis auf den inzwischen eingetretenen Tod seines Freundes Herder ab. Auffallend ist Schillers Souveränität. Er könne keinen „pathologischen Zug“ an Mme. entdecken, bei der Rezeption von Dichtung könne sie sich „das Leidenschaftliche, Rednerische und Allgemeine zueignen“, nicht jedoch die „Poesie“. Das einzig Lästige sei die „ungewöhnliche Fertigkeit ihrer Zunge“. Der Zuhörer müsse sich ganz in ein „Gehörorgan“ verwandeln. Genervt reagiert Goethe, trifft jedoch über zehnmal mit der temperamentvollen Baronin zusammen.

In ihrem 1810 erscheinenden Buch „De l’Allemagne“ wird sie den Begriff des Landes „der Dichter und Denker“ bei ihren Landsleuten publik machen. Beim Schreiben des Buches kann sie auf die Hilfe August Wilhelm Schlegels zurückgreifen. Nach seiner mit Hilfe Goethes im gegenseitigen Einvernehmen durchgesetzten Scheidung von Caroline wird er Hauslehrer der Kinder Mme. de Staels und stän-

Porträt der französischen Schriftstellerin Anne-Louise-Germaine Baronin von Staël-Holstein um 1810 - Gemälde von François Gérard (1770-1837).

diger Begleiter auf ihren zahllosen Reisen. Kurz vor Weihnachten 1808 trifft das Paar in München auch mit Caroline und ihrem neuen Ehemann, dem Philosophen Friedrich Wilhelm Schelling, zusammen. „Sie ist ein Phänomen von Lebenskraft, Egoismus und geistiger Regsamkeit“, urteilt Caroline in einem Brief an ihre Freundin Luise Gotter. „Ihr Äußeres wird durch ihr Inneres verklärt und bedarf es wohl; es gibt Momente oder Kleidung vielmehr, wo sie wie eine Marketenderin aussieht und man sich doch zugleich denken kann, daß sie die Phädra im höchsten tragischen Sinn darzustellen fähig ist.“

13. KAPITEL
Kein „Licht der Welt“

Für die Weimarer Gesellschaft war die auch nach heutigen Begriffen wirklich emanzipierte Mme. de Stael so etwas wie ein exotischer Paradiesvogel. Die ansässigen Damen, auch solche, die einen Salon führten wie die Herzoginmutter Anna Amalia, Johanna Schopenhauer oder Caroline Schlegel in Jena, suchten tunlichst den Eindruck allzu ausgeprägter Intellektualität zu vermeiden, der absolut nicht dem vorherrschenden Ideal von Weiblichkeit entsprochen hätte. Wie dieses aussah, formuliert der in Weimar lebende Gymnasialprofessor Johann Karl August Musäus. Er sammelt nicht nur Märchen und Sagen, sondern verfasst als Mitarbeiter des Verlegers Nicolai literarische Rezensionen und schreibt selbst satirische Texte. In seinem Buch „Moralische

Porträt des deutschen Schriftstellers, Literaturkritikers, Schulmannes und Philologen Johann Karl August Musäus (1735-1787).

Kinderklapper für Kinder und Nichtkinder“ sucht er aufklärerische Erziehungsprinzipien populär zu machen:

Die Puppe
Mein Pathchen wird ein niedlich Mädchen,
Und für ihr Alter hat sie viel Verstand;
Dabey ist sie fix und gewandt,
Gelehrig, lernt mit ihren Brüdern gar Latein
Und kann schon eine Fabel exponiren,
Doch soll sie darum nicht studiren,
Noch weniger magistrisiren,
Mit einem Wort, sie soll kein Lumen mundi
[Licht der Welt] seyn;
Sie mag fein bey der Nadel bleiben,
Das ist doch ihr natürlicher Beruf;
Und dient damit der Wirtschaft zum Behuf;
Ergreift sie ja die Feder, um zu schreiben,
So sey`s kein Buch, auch kein gelehrter Kommentarius,
Nur höchstens ein Rezept zu einem Mus,
Zu Aepfel-Most und Hirsenbrey,
Zu Hausmannskost und zu frugaler Backerey.

Wen wundert es, dass das „Pathchen“ obstinat wird und durch stundenlanges Trotzen seinen Willen durchzusetzen sucht? Der Autor verurteilt das Verwenden der „Birke“, also die körperliche Züchtigung durch die Mutter, und lehnt auch das Einsperren des Kindes ab. Stattdessen ersinnt er ein probateres Mittel. Das „Pathchen“ erhält von ihm eine wunderschöne Puppe, „so schön wie die Liljenkönigin geputzt“ gleichsam als Geschenk auf Widerruf. Dieses ist an die Bedingung des künftigen Wohlverhaltens geknüpft:

Für jede Unart, die du dir erlaubst,
Sprach ich, soll die pompöse Dame büßen,
Der Kleiderschrank soll ihr Gefängniß seyn,
Darinnen wird man sie verschließen,
So lange bis dich deine Fehler reun.
Für Ungezogenheiten wird vom Fuß zum Haupt,
Sie ihres schönen Schmucks beraubt,
Und wolltest du Mama durch Ungehorsam
kränken,
Soll sie die Puppe gleich dem Wäschermädchen
schenken.

Sofort verspricht das „Pathchen" für immer Trotz und Eigensinn aufzugeben und stets die Anweisungen der Mutter zu befolgen.

Acht Tage hielt sie´s aus,
da war mein Philippinchen
Ein Mädchen wie ein Daus [Teufel],
Und machte nicht ein schiefes Mienchen;
Doch eh man sich´s versah,
War die verscheuchte Maus
In ihrem Köpfchen wieder da,
Und das bewog Mama,
Um diese Unart zu bezähmen,
die schöne Puppe ihr zu nehmen.
O Traurigkeit,
O Herzeleid,
Sie wollte sich zu Tode grämen.
O wie sie bat,

O wie sie that,
So kümmerlich,
So wimmerlich;
Nur diesmal noch,
Verzeihn Sie doch,
Will artig seyn.
Ist denn Ihr Herz
Bey meinem Schmerz
Von Stahl und Stein?

Der Autor fährt fort: „Wie leicht ist eine Mutter zu erweichen! Die Staatsgefangene wurde alsbald der Haft entlassen; und wer war froher als die kleine Sünderin, da sie das Schattenbild der Freundschaft, die neubelebte Spielgenossin mit neuer Zärtlichkeit umfing."

Der Erfolg dieser Erziehungsmaßnahme lässt nicht auf sich warten. Aus Furcht vor dem erneuten Verlust der Puppe zeigt die Delinquentin nun ein zufriedenstellendes Betragen. Im Laufe der Zeit wird aus dem nur äußerlich angepassten Verhalten eine echte Biegsamkeit des Geistes, die das höchste Lob des Verfassers findet. Er weiß auch von dem Dank des „Pathchens" an seine Puppe zu berichten. Das wiederum findet den Beifall der Tante:

Daraus folgt also diese Lehr;
Sprach, da sie´s las, die Tante:
Oft bessert eine Puppe mehr
Als eine Gouvernante.

14. KAPITEL
Warten auf den Messias

Advent 1798: Luise, die Gattin des Herzogs Carl August, ist „guter Hoffnung“. Und nicht nur sie, wie ein Brief des Dichters und ehemaligen Prinzenerziehers Wieland zeigt. Schon im Oktober schreibt er an seinen Freund und Freimaurerbruder, den vielseitig gebildeten Schriftsteller und Kritiker Johann Heinrich Merck in Darmstadt, bezüglich der Schwangerschaft der „geliebten Louise“: „Gott gebe, daß sie uns einen Messias bringe, der sein Volk selig mache! Es wird zwar damit seyn, wie's je und allzeit gewesen ist; aber die Illusionen der Hoffnung sind immer angenehm und gehören schlechterdings mit zur menschlichen Natur und Wesen – und so bilden wir uns denn, wider besser Wissen und Gewissen, immer ein, es werde noch kommen, wiewohl das, was kömmt, aus bekannten subjektiven Ursachen immer schlechter wird.“

Zunächst ist ohnehin Geduld angesagt. Am 28. Dez. vermeldet Großmutter Anna Amalia hoffnungsfreudig an den selben Adressaten: „Das Interessanteste ist für uns die tägliche [!] Erwartung der Niederkunft der Herzogin; will der Himmel einen braven Jungen geben, so ist's ein Glück fürs ganze Land [...]“

Welch eine Zerreißprobe! Erst am 3. Februar erblickt eine kleine Prinzessin das Licht der Welt. Der Herzog von Gotha, Onkel Constantin und Anna Amalia sind die Taufpaten. Letztere berichtet „die froheste Neuigkeit“ an ihren Brieffreund Merck und fährt fort: „ [...] mein Karl freut sich seiner Production nicht wenig.“

Porträt der Herzogin Luise von Hessen-Darmstadt (1757-1830), der Gemahlin des Herzogs Carl August - Ölgemälde von Melchior Kraus (1737-1806).

Erst vier Jahre später wird der heißersehnte Erbprinz Carl Friedrich geboren. Die Wartezeit ist dieses Mal kürzer, wie der 1. Vers des Goethe-Gedichts zu seiner Geburt „Vor vierzehn Tagen harrten wir..." zeigt.

15. KAPITEL
Ihr Kinderlein kommet

Auch aus dem Hause Wieland gibt es am 9. Dezember 1778 Freudiges zu verkünden. Der glückliche „Vater Wieland", wie er von seinen Freunden genannt wird, schreibt an Merck, der ebenso wie er Freimaurer ist:

„L.Br.[Lieber Bruder] !
Mein Häuflein hat sich den 7. hujus [dieses Monats] zwischen 3 und 4 abermals mit einem frischen wohlgestalten Knaben vermehrt, der mir umso lieber ist, weil er seiner Mutter gar wenig Schmerzen gekostet hat, und so leicht und hurtig in die Welt hereingeschlupft ist, wie ein Däuschen [Ass beim Kartenspiel oder Teufelchen]. Dafür hat er nun freilich auch keinen so ungeheuren Hirnkasten wie Louis, sein älterer, aber weil mir das Bürge dafür ist, daß er umso weniger ein Poet werden wird, so ist's mir um desto lieber. Kurz, es ist ein gar holdes, kleines Menschlein, und allem Ansehn nach so glücklich organisirt, als man's seyn muß, um sich in dieser Welt wohl zu befinden. – Nun aber, l. Br., kommt noch ein Hauptpunkt und das ist, daß ich, um den

Porträt des deutschen Dichters, Übersetzers und Herausgebers Christoph Martin Wieland (1733-1813) - nach einem Gemälde von Ernst Hader.

Neuangekommenen unter desto besseren Auspiciis [Vorzeichen] in die Welt zu introduciren, ihm D i c h und Frau A j a zu Pathen gegeben habe, und Euch beide, ex consensu praesumto [Euer Einverständnis voraussetzend], in dieser Qualität ins Kirchenbuch einschreiben lasse, hoffend, Ihr werdet aus Liebe zu mir auch diesem meinem Sprößling hold seyn, und soviel Euch Gott Gelegenheit und Vermögen geben wird, dazu helfen, daß ein ehrlicher, brauchbarer Kerl aus ihm werde, wofür Ihr auf das Reciprocum bei meinem kleinen Pathen [Karl Anton Merck, *14.12.1777] rechnen könnet."

Der Brief schließt mit der Zusicherung: „Aber wenn ich Dir untreu werde, so habe ich vorher meine Frau vergiftet und meine Kinder erwürgt. Darauf verlaß Dich!"

16. KAPITEL
Der Wettstreit

Herzoginmutter Anna Amalia kommentiert die häufigen Taufen in der Familie Wieland süffisant mit „Chacun à sa folie." [Jeder nach seiner eigenen Narretei.] Interessant sind die ziemlich zutreffenden Prognosen „Vater Wielands" bezüglich seiner Sprösslinge.Tatsächlich wird der mit dem „ungeheuren Hirnkasten" den Eltern einige Kopfschmerzen verursachen. Grund dafür ist seine „leichtsinnige, sorglose und ohne jeden Zweck geführte Lebensart". Der Vater wird für ihn und seine Schulden mehr Geld aufwenden müssen als für alle seine Geschwi-

Porträts des Dichters Heinrich von Kleist (1777-1811) - Kreidezeichnung nach einem verschollenen Miniaturbild von seiner Braut Wilhelmine von Zenge.

ster zusammen. Rettung bringen kann nach seiner Ansicht nur „die eiserne Nothwendigkeit für sich selbst zu sorgen“, notfalls „das eigene Brod mit Holzhacken zu verdienen.“ Als angemessenen Aufenthaltsort für den ewigen, zudem noch republikanisch gesonnenen Studenten zieht er „Helvetien“, Frankreich oder „die Indianer in Kanada“ in Betracht. So treffen wir den jungen Mann tatsächlich gemeinsam mit drei weiteren Genossen in der Schweiz an, alle drei auf der Suche nach einem alternativen Lebensstil. Bei einem ihrer Ausflüge zieht ein französischer Kupferstich ihre Aufmerksamkeit auf sich.

Einer der jungen Männer, der Autor und Buchhändler Zschokke, wird ihn später so beschreiben: „[…] ein trauriges Liebespärchen, eine keifende Mutter mit einem zerbrochenen Majolika-Kruge, und ein großnasiger Richter“. Die Freunde beschließen, einen Wettstreit zu veranstalten. Jeder soll das dargestellte Sujet literarisch bearbeiten.

Nun, das Urteil in diesem Wettstreit hat die Nachwelt gesprochen. Zum „Sieger“ erkor sie Heinrich von Kleist mit seiner Komödie „Der zerbrochene Krug“, die 1808 in Weimar unter der Regie Goethes uraufgeführt wird.

17. KAPITEL
Total genial

Das Urteil des Weimarer Publikums anno 1808 über Kleists „Der Zerbrochene Krug“ fällt vernichtend aus. Man hat sich tödlich gelangweilt. Schuld ist die nicht nur dem Theaterdirektor Goethe, sondern auch dem ihn vertretenden Schauspieler Becker anzulastende unsachgemäße Bearbeitung. So hat man z. B. den Einakter in drei Akte unterteilt. Vorweg gegangen ist die Aufführung einer einstündigen Oper und die später von Kleist gestrichene Vorrede. Das Ganze dauert vier Stunden!

In allen Zeitungen erscheinen nun entsprechende Verrisse. Kleist fühlt sich in seinen Intentionen unverstanden und wütet mit sarkastischen Epigrammen gegen Goethe und das Publikum. Tatsache ist, dass der Dichterfürst dem jungen Kollegen zwar einige Begabung zugesteht, jedoch dessen dichterische Intentionen nicht zu erkennen vermag. So kritisiert er z. B. die nachträgliche Enthüllung der Schuld des Dorfrichters Adam, die doch gerade die Spannung in dem Stück bewirkt und es in die Nähe des antiken analytischen Dramas rückt.

Eine befriedigendere Resonanz hat der verkannte Künstler allerdings schon zuvor bei „Vater Wieland“ gefunden. Nach dem Abbruch des Aufenthalts in der Schweiz lässt Kleist sich in Weimar nieder und ist oft zu Gast auf dem Gut Ossmannstedt, wohin er, nachdem er das Weihnachtsfest 1802 dort verbracht hat, ganz übersiedelt. Der inzwischen verwitwete Hausherr lässt sich nicht durch das befremdliche Verhalten des jungen Mannes – geistige Abwesenheit und Reden mit sich selbst – irritieren. Schon jetzt steht sein Urteil, das er erst später zu Papier bringen wird, fest. In Kleists Tragödie „Guiscard“ vereinigten sich, so meint er, „die Geister des Äschylus, Sophokles und Shakespear“ und er sei „dazu geboren, die große Lücke in unserer derma-

Drei Figurenstudien für Adolph von Menzels (1815-1905) Illustrationen zu Heinrich von Kleists Lustspiel „Der zerbrochene Krug“.

ligen Literatur auszufüllen," die selbst von Goethe und Schiller noch nicht ausgefüllt sei.

18. KAPITEL
Romantische Weihnacht

In der Adventszeit 1796 weilen Caroline und August Wilhelm Schlegel, der Jenaer Literaturprofessor und -kritiker, für ein paar Tage in Weimar. Goethe kannte die jungverheiratete Ehefrau wahrscheinlich bereits als Professorentöchterchen in Göttingen, dann als junge Witwe des Arztes Böhmer und als „bekennende" Republikanerin im revolutionären Mainz. Nach dessen Einnahme durch die Koalitionstruppen wird sie für einige Monate wegen angeblicher politischer Agitation inhaftiert. Nach der Entlassung bringt sie ein Kind zur Welt, das jedoch bald darauf bei seiner Pflegefamilie verstirbt. Den Namen des Vaters gibt Caroline nicht preis. Sie ist nun doppelt belastet durch ihre nicht opportune politische Gesinnung und ihr nach damaligen Begriffen sittenloses Privatleben. Durch ihre Heirat mit dem Jenaer Professor August Wilhelm Schlegel gelingt es Caroline, ihre bürgerliche Reputation zurückzugewinnen.

Begeistert äußert sie sich über den Empfang in Weimar, u. a. bei Goethe, Herder, Wieland, Falk und Böttiger. Die positive Resonanz ist durchaus gegenseitig. Dem Nestor Wieland ist ihr „Zunicken mehr wert als das Geschnatter der ganzen auf der Gemeindetrift weidenden Autorenherde." In der Uni-

Porträt der deutschen Schriftstellerin und Übersetzerin Caroline Schlegel (1763-1809) - Bild aus der Zeitschrift „Die Gartenlaube“, Jahrgang 1871.

versitätsstadt Jena, von Goethe „Stapelstadt des Wissens“ genannt, gelingt es den Brüdern August Wilhelm und Friedrich Schlegel gemeinsam mit ihren Ehefrauen Caroline und Dorothea, in ihrer Wohngemeinschaft alternative Lebensentwürfe zu praktizieren, die auf die Durchdringung aller Lebensbereiche mit romantischer Poesie abzielen.

In ihren Räumen am „Leobdener Graben“ 11a versammeln sich namhafte Vertreter der Frühromantik und Wissenschaftler, Novalis, Tieck, Schleiermacher, Hufeland, Paulus u. a., am Heiligen Abend 1799 auch der Philosoph Schelling. Man beschenkt einander mit „artigen Kleinigkeiten“.

Mehr darüber in der morgigen Episode.

19. KAPITEL
Überraschung

Inmitten des geselligen Romantikerkreises nimmt Carolines anmutige und begabte vierzehnjährige Tochter Auguste eine Sonderstellung ein. Man vergöttlicht sie geradezu in ihrer unverstellten Natürlichkeit als Inbegriff des Kindlichen und Weiblichen zugleich. Ihr überreicht Schelling einen elastischen grünen Gürtel als Gabe, in poetischer Form verziert:

„Laß dieses Band den holden Leib umfangen
Elastisch, wie was über ihm sich regt;
Indes manch Herz voll Bangen und Verlangen
Dir insgeheim und still entgegenschlägt,

Porträt Auguste Böhmers (1785-1800), der Tochter von Caroline Michaelis, verw. Böhmer, gesch. Schlegel, verh. Schelling, als Inbegriff des Kindlichen und Weiblichen - Zeichner: unbekannt.

Färbt doch nur e i n e r Dir die zarten Wangen,
Den fern von Dir des Schicksals Fittich trägt;
Laß nie der Hoffnung süßes Glück ersterben
Und wer`s verdient, das Himmelreich erwerben."

Einen besonderen Coup stellt das unverhoffte Erscheinen des in der Ferne Geglaubten dar, der gerade, während der Text verlesen wird, den Raum betritt.

Caroline erhält am selben Abend von Schelling, ihrem späteren Ehemann, goldene Armreifen nebst einem Gedicht, das ihren Noch-Ehemann durchaus hätte eifersüchtig machen können. Der hatte früher ihre – und nicht nur ihre – hausfraulichen Fähigkeiten poetisch in einer Persiflage auf Schillers als allzu pathetisch empfundene „Glocke" gerühmt:

„Ehret die Frauen! Sie stricken die Strümpfe,
Wohlig und warm, zu durchwaten die Sümpfe,
Flicken zerrissene Pantalons aus;
Kochen dem Manne die kräftigen Suppen,
Putzen den Kindern die niedlichen Puppen,
Halten mit mäßigem Wochengeld haus.
Doch der Mann, der tölpelhafte
Find`t am Zarten nicht Geschmack.
Zum gegohrnen Gerstensafte
Raucht er immerzu Taback;
Brummt wie Bären an der Kette,
knufft die Kinder spat und fruh
und dem Weibchen nachts im Bette
kehrt er gleich den Rücken zu."

20. KAPITEL
Nicht mit Samthandschuhen

Schlegels am gestrigen 19. Dezember zitierte Parodie auf die „Glocke“ zeigt die gegenseitige inspirierende Wirkung der einzelnen Mitglieder des Romantiker-Kreises. Vor Lachen sei man „fast von den Stühlen gefallen“ beim Lesen von Schillers „Lied von der Glocke“, berichtet Caroline ihrer Tochter. Sie meint, dass es sich geradezu für eine Parodie anböte.

Man kann sich vorstellen, wie August Wilhelm Schlegels Verse spontan in ausgelassener Stimmung entstanden sind. In dieser Privatheit belässt er sie auch und publiziert sie erst Jahrzehnte später. Er

Christiane Vulpius (1765-1816), Goethes spätere Frau, im Jägerhaus in Goethes Wohnung in Weimar - Zeichnung von Johann Heinrich Lips (1758-1817).

verzichtet also darauf, seine in Literaturzeitschriften polemisch geführte Auseinandersetzung mit der klassizistisch orientierten Dichtung und Literaturkritik auf die Spitze zu treiben.

Die Animositäten der Frauen untereinander werden aus ihren Briefen ersichtlich. So empfiehlt die stets auf Anstand und Sitte bedachte Charlotte v. Schiller, „sobald die Schlegeln aus dem Haus heraus ist“, zwei Pfund Räucherpulver zu verschießen, damit die Luft gereinigt werde. Ein Pfund wolle sie selbst noch dazugeben. Caroline läuft bei der Familie Schiller unter dem Namen „Dame Luzifer“ oder „Das Übel“. Sie wiederum fragt, nachdem sie Christiane Vulpius von Weitem gesehen hat, warum „Goethe sich nicht eine schöne Italienerin [von seiner Italienreise] mitgebracht“ habe. Es tue ihm wohl „nur weh, die Vulpius zu verstoßen.“ Die Vielgeschmähte wiederum reißt im Jahre 1811 der zu Besuch weilenden Bettina von Arnim erbost die Brille von der Nase, da deren Trägerin sich in einer Ausstellung abfällig und überheblich über die Bilder des „Kunschtmeyer“ geäußert hat. „Wildgewordene Blutwurst“ kontert die tätlich Angegriffene. Diese aus heutiger Sicht unterhaltsamen Beispiele können vor einer einseitigen Idealisierung der „goldenen Epoche Weimars“ und ihrer Geselligkeit schützen.

21. KAPITEL

Freuden des Winters

„Der Winter kam heran mit langen Nächten und
mit Langerweile,
Dem der einsame Landmann kümmerlich,
Der Städter ohne Müh entweicht,
Der, beym vergnügten Abendschmauße,
Bald im Konzertsaal, bald im Opernhause,
Die trüben Stunden von sich scheucht,
Um den bey tausend schimmerreichen Kerzen,
Geselligkeit und frohe Laune scherzen,
Indeß ihm unbemerkt die Nacht vorüberschleicht."

So übersetzt der Weimarer Autor Musäus Verse aus dem Französischen. Trotz der vielgepriesenen Weimarer Geselligkeit geht es dort wohl etwas bescheidener zu. Doch vertreibt man sich die Zeit auch im Freien.

Goethe berichtet Eckermann von Tiefurter Schlittenfahrten bei Fackelschein und in der Weimarer Gesellschaft machte er das Eislaufen populär. Er hatte es bereits in seiner Kindheit, bekleidet mit dem Pelz seiner Mutter, betrieben. Den Siegeszug der Schlittschuhe können auch ärztliche Warnungen vor möglichen abträglichen Wirkungen auf den Kreislauf, und zwar nicht während, sondern nach der ungewohnten sportlichen Betätigung, nicht aufhalten.

Strenge Winter scheinen offensichtlich die literarische Produktion begünstigt zu haben. So schreibt Schiller an seine extrem wetterfühlige spätere Braut Charlotte: „In diesem grimm-kalten Wetter habe ich Sie schon öfters bedauert. Ich weiß, wie ungern Sie sich in Ihr Zimmer einsperren lassen, und daß freie Luft und heitrer Himmel gewissermaßen zu Ihrem Leben gehört. Die schönen Berge werden jetzt traurig um Rudelstadt liegen, aber auch in dieser traurigen Einförmigkeit immer groß – und daß ich sie nur vor meinem Fenster hätte! Mir macht dieses winterliche Wetter mein Zimmer und meinen stillen Fleiß desto lieber und läßt mich die Entbehrungen, die ich mir auferlegen muß, desto weniger empfinden."

Man gewinnt den Eindruck, dass Schiller mit diesen zuversichtlichen Worten bewusst einen Gegenpol zu den schwankenden Stimmungen Charlottes setzen und sie von äußeren Einflüssen unabhängiger machen möchte.

Melancholisch hatte sie ihm geschrieben: „Auch die Steine, auf denen wir [im vergangenen Sommer] saßen, waren voll Schnee, der Bach zugefroren, und die entblätterten Bäume gaben ein trauriges Bild der Vergänglichhkeit. Ach der Winter ist doch recht unangenehm! Auch der schöne Weg auf den Wiesen hin, den wir noch einige mal zusammen gingen, alles war so leer, so oede, die Weiden hoben ihre entblätter[ten] Zweige empor, und das Geschrei der Raben, die traurig auf die weißen Felder herumflogen, ließen nur leben ahnden. Was ist der erfreuende Anblick der Wiesen doch dagegen so schön! Auch der Himmel ist schon lange verdeckt, weder Sonne noch Stern blicken auf die Erde."

An anderer Stelle heißt es: „[…] der Regen und Wind machte mir so unheimlich", doch dann wieder: „Die Sonne scheint so schön auf meinen Schreibtisch und ladet mich ein, Ihnen herzlich zu grüßen.

CARLOTA DE LENGEFELD

Schillers Ehefrau Charlotte, geb. von Lengefeld, (1766-1826) - Zeichnung von Juan Scherr.

Der blaue Himmel freut Sie wohl auch, ich kann gar nicht satt werden die Sonne zu sehen, und die schönen Sterne gestern Abend! Von wie vielen kleinen Dingen hängt nicht unsre Stimmung ab? Die Welt war mir gar traurig, und leer, als die dicken Dünste sie umgaben, und nun ist es als wäre man stärcker und freier, und alles ist freundlich! Ich hoffe auch Sie werden den Einfluß des hellen empfinden und ich wünsche es Ihnen, und freue mich deswegen noch mehr."

22. KAPITEL
Steile Karriere

Am 10. Dezember 1817 trifft der folgende Brief in Weimar ein: „Ich hätte gewünscht, daß Sie unsere Gewölbe in diesen Tagen gesehen hätten, die Literatur mußte einstweilen aus allen Fächern weichen, worinn die größten Spielsachen, als ganze Equipagen, prächtige Schlitten, Scheiben und Vogelschießkanonen, Billards, Toiletten, Bureaus und dergleichen nebeneinander aufgestellet waren, welche sich besonders abends beim Brennen der Kronleuchter ganz trefflich machten […]"

Dem Empfänger, dem siebzigjährigen Weimarer Verleger und Unternehmer Friedrich Justin Bertuch, zeigt diese Nachricht aus seiner Rudolstädter Niederlassung, dass die durch die napoleonischen Kriege bedingte Krise seines Unternehmens nun überwunden ist und sein lokales Wirtschaftsimperium in altem Glanz erstrahlt. Seit er sich vor vier-

Porträt des deutschen Verlegers und Mäzens Friedrich Justin Bertuch (1747-1822) - Gemälde von Johann Friedrich August Tischbein (1750-1812).

zig Jahren in Weimar niedergelassen hat, ist es ihm stets gelungen, die Wünsche seiner Kunden zu befriedigen und sie gleichzeitig in seinen Zeitschriften, z. B. durch das „Journal des Luxus und der Moden", und durch sein Sortiment zum Herausbilden eines erlesenen Geschmacks anzuregen.

Seine Frau trägt das Ihrige durch die Herstellung kunstvoller Blumen aus Seide und Spitze bei, die unter den Händen von etwa fünfzig Mädchen entstehen, unter ihnen zeitweilig auch Goethes spätere Ehefrau Christiane Vulpius. Dank moderner Werbemethoden werden die Produkte erstaunlich gut vermarktet und an die entferntesten Orte versandt. Freude herrscht bei Königin Luise in Berlin über die Ankunft der „hübschen Sächelchen" ebenso wie bei deutschen Siedlern in Nordamerika. Doch seit sein Sohn Carl, der vielversprechende Juniorchef, der noch zwei Jahre zuvor gemeinsam mit Cotta die Interessen der deutschen Verleger und Buchhändler auf dem „Wiener Kongress" vertreten hat, verstorben ist, wandern Bertuchs Gedanken allzu oft in die Vergangenheit.

Fortsetzung folgt morgen!

23. KAPITEL
Bethlehem – Weimar

Erfreulich war der Anfang in Weimar für Justin Bertuch und seine Frau nicht. Schon einen Tag nach ihrer Ankunft erscheint bei dem frisch vermählten Paar der junge Herzog Carl August in Begleitung

Porträt des Herzogs Carl August von Sachsen-Weimar und Eisenach (1757-1828) - Ölgemälde des Kabinettsmalers Johann Ernst Heinsius (1731-1794).

seines Freundes Goethe als Besucher. Die in ihren Augen spießige Einrichtung des Domizils am Erfurter Tor erregt das Missfallen der jungen Genies und Carl August ist nur mit Mühe davon abzuhalten, eine Reihe wertvoller Spiegel zu zerstören. Stattdessen demoliert er einige Tapeten und betreibt weiteren groben Unfug. Ob dieses unfreundlichen Empfangs wird der Hausherr schwer krank. Als der Herzog von dieser nicht beabsichtigten Reaktion erfährt, packt ihn die Reue und erschüttert erscheint er am nächsten Tag am Krankenlager Bertuchs, um sich zu entschuldigen. Goethe drückt der zutiefst schockierten Carolina Bertuch sein Mitgefühl aus. (Kam es auch zu einer Wiedergutmachung des Schadens?)

Ein Jahr später wird kurz nach Weihnachten der Sohn Carl geboren. Superintendent Herder wünscht „tausend Glück“ und kommt, „um zu taufen“.

In den folgenden Jahrzehnten wird der erfolgreiche Unternehmer verständlicherweise sein häusliches Glück sorgsam vor der Außenwelt abschirmen. Er ist klug genug, sich nicht auf eine Konkurrenz mit den führenden Geistesgrößen Weimars einzulassen, doch findet z. B. seine Übersetzung des „Don Quichotte“ viel Anerkennung. Darüber hinaus brilliert der akademisch Gebildete mit seinen Vorträgen in der Freitagsgesellschaft im Wittumspalais Anna Amalias. Er erfreut sich ihrer besonderen Gunst und ihr Tod weckt bei ihm schlimme Befürchtungen. Diese Einstellung teilt auch sein alter Weggefährte Wieland und formuliert sie treffend: „Auch das kleine Bethlehem-Weimar hat in der Geschichte des 18ten Jahrhunderts seinen Tag gehabt; aber die Sonne, die ihm vor vierzig Jahren aufging, ist im Jahre 1807 untergegangen."

24. KAPITEL
Bäume leuchtend

Hat sich bei Ihnen schon termingerecht die weihnachtliche Festtags-Stimmung eingestellt? Oder fühlen sie sich doch noch gestresst? Beim Lesen des folgenden Briefes vom 24. Dezember 1798 könnte dieses Gefühl vielleicht ein wenig relativiert werden: „Ich setze mich mit einem sehr erleichterten Herzen hin, um Ihnen zu schreiben, daß die Piccolomini soeben an Iffland abgegangen sind. Er hat mich in seinem Briefe so tribulirt und gequält zu eilen, daß ich heute meine ganze Willenskraft zusammennahm, drey Copisten zugleich anstellte, und (mit Ausschluß der einzigen Scene im astrologischen Zimmer, die ich ihm nachsende) das Werk wirklich zu Stande brachte. Eine recht glückliche Stimmung und eine wohl ausgeschlafene Nacht haben mich secundirt, und ich hoffe sagen zu können, daß diese Eile dem Geschäft nicht geschadet hat. So ist aber auch schwerlich ein heiliger Abend auf dreyßig Meilen in der Runde vollbracht worden, so gehetzt nämlich und so qualvoll über der Angst nicht fertig zu werden. Iffland [...].gab mir den Verlust bei dem versäumten Tempo auf 4000 Thaler an."

Wollen wir hoffen, dass der Dichter Friedrich Schiller und seine ebenso drangsalierten Kopisten noch ein wenig Ruhe unter dem Weihnachtsbaum gefunden haben. Bei dem Adressaten des Briefes, dem Dichterkollegen am Frauenplan, hatte sich sicher schon Weihnachtsstimmung eingestellt, so wie er es Jahre später für seinen Fürsten Carl August auf dessen Geheiß in Verse bringen wird:

„Bäume leuchtend, Bäume blendend,
Überall das Süße spendend,
In dem Glanze sich bewegend,
Alt und junges Herz erregend,
Solch ein Fest ist uns bescheret,
Mancher Gaben Schmuck verehret;
Staunend schaun wir auf und nieder,
Hin und her und immer wieder."

Weihnachtsbaum von Königin Victoria und deren Gatten Albert - Illustration aus „The Illustrated London News" aus dem Jahre 1848.

Im herzoglichen Schloss zu Weimar erstrahlte also wie in den bürgerlichen Häusern und auf dem Marktplatz zu Weimar ein festlich geschmückter Weihnachtsbaum. Aus dem benachbarten Herzogtum Sachsen-Coburg und Gotha führte Prinz Albert nach seiner Eheschließung mit Königin Victoria diese sich mehr und mehr ausbreitende Sitte auch am britischen Königshof ein.

Darauf einen Glühwein à la manière de Le Goullon: 1l Weißwein, 4 Eier, 4 Eigelb, 170 g Zucker, Zimt! - Das Originalrezept liest sichfolgendermaßen:„Vier ganze Eier und von 4 Eiern das Gelbe werden in eine Casserolle getan und nach und nach ein Maß Franken- oder Rheinwein darunter gerührt, alsdann durch ein Haarsieb gegossen, damit die Keime der Eier zurückbleiben, und nebst zwölf Loth Zucker und einigen Stückchen Zimt auf das Feuer gesetzt und ununterbrochen mit dem Schlagbesen so lange geschlagen, bis er in einem dicken Schaum in die Höhe steigt. Man serviert den Glühwein in Tassen."

Na dann,„à le vôtre" oder
„auf ein gesegnetes Weihnachtsfest"!

Sollten Sie Gefallen an den kleinen
Geschichten gefunden haben,
so erwartet Sie im nächsten Jahr zur
Weihnachtszeit eine Fortsetzung.

Bildquellen-Nachweis

1. Kap.: „Poesie vom Feinsten", S. 9.
Künstler: Johann Wolfgang von Goethe (1749–1832), Titel: Luise von Göchhausen, Beschreibung: Portrait of Luise von Göchhausen. NFG/GNM Corp.I,294, Datum: etwa 1780, Technik: pencil on paper, Maße: 141 x 109mm, Herkunft / Fotograf: Goethe: Handzeichnungen, Hans Wahl (Hrsg.), Insel Bücherei Nr. 555, Leipzig 1940 Nr. 13/ Goethe als Zeichner, Wolfgang Hecht (Hrsg.) C. H. Beck, München 1982. - Dieses Bild ist Public Domain, weil es ein rein mechanischer Scan oder eine rein mechanische Fotografie eines Public Domain-Originals ist, oder – wenn anders belegbar – es einem solchen Scan oder einer solchen Fotografie so ähnlich ist, dass das Entstehen eines Copyright-Schutzes nicht erwartet werden kann. Das Original selbst ist Public Domain aus folgendem Grund: Dieses Werk ist gemeinfrei, weil seine urheberrechtliche Schutzfrist abgelaufen ist. Dies gilt für das Herkunftsland des Werks und alle weiteren Staaten mit einer gesetzlichen Schutzfrist von 100 oder weniger Jahren nach dem Tod des Urhebers.

2. Kap.: „Makabre Geschenke", S. 12.
Beschreibung: Mumie im Bleikeller des St. Petri-Doms in Bremen. Date: 2005, Source: St. Petri-Dom zu Bremen, Germany, Author: Photographed by User: Zeartul. - Permission is granted to copy, distribute and/or modify this document under the terms of the GNU Free Documentation License, Version 1.2 or any later version published by the Free Software Foundation; with no Invariant Sections, no Front-Cover Texts, and no Back-Cover Texts. A copy of the license is included in the section entitled GNU Free Documentation License. This file is licensed under the Creative Commons Attribution-Share Alike 3.0 Unported license.

3. Kap.: „Lieber Sohn!", S. 15.
Object type: painting, Beschreibung: Bildnis der Catharina Elisabeth Goethe, geb. Textor mit weißer Spitzenhaube. Öl auf Leinwand. Date: between 1785 and 1790, Medium oil on canvas, Dimensions: Height: 65.5 cm, Width: 51.5 cm, Collection: Unknown, Source / Photographer: http://www.bassenge.com. -

This is a faithful photographic reproduction of a two-dimensional, public domain work of art. The work of art itself is in the public domain for the following reason: This work is in the public domain in its country of origin and other countries and areas where the copyright term is the author's life plus 100 years or less.

4. Kap.: „Junges Glück", S. 17.
„Schiller auf dem Wege zu seiner Antrittsvorlesung in das Griesbachhaus am 26. Mai 1789". Unter diesem Titel gestaltete der Jenaer Künstler Erich Kuithan (1875-1917) in den Jahren 1909 /1910 ein großformatiges Historiengemälde, auf dem das grandiose, aufsehenerregende Ereignis festgehalten ist. Das Gemälde von Erich Kuithan hängt im Beratungsraum des Rektors, Foto: Scheere. Das Bild ist einsehbar unter: https://www4. uni-jena.de/Sonderausgabe_Schiller_Kuithans_Gemaelde.html.

5. Kap.: „Junges Glück", S. 18.
Charaktere aus Schiller's Werken, gezeichnet von Friedrich Pecht und Arthur von Ramberg. Funfzig Blätter in Stahlstich mit erläuterndem Text von Friedrich Pecht. F. A. Brockhaus, Leipzig, 1859. - This work is in the public domain in its country of origin and other countries and areas where the copyright term is the author's life plus 100 years or less.

5. Kap.: „Süßer Exportschlager", S. 21.
Beschreibung: Gasthaus „Sächsischer Hof" in Weimar, Date: 20. September 2016, 13:14:44, Source: Own work, Author: Tsungam. - This file is licensed under the Creative Commons Attribution-Share Alike 4.0 International license.

6. Kap.: „'O du fröhliche ...'", S. 23.
Artist: Anton Graff (1736–1813), Object type: painting, Description: Portrait of Johann Gottfried Herder, Date 1785, Medium oil on canvas, Dimensions: Height: 52,2 cm, Width: 42,5 cm, Collection: Gleimhaus, Source / Photographerhttp://museum-digital.de/nat/index.php?t=objekt&oges=917. - This is a faithful photographic reproduction of a two-dimensional, public domain work of art. The work of art itself is in the public domain for the following reason: This work is in the public domain in

its country of origin and other countries and areas where the copyright term is the author's life plus 100 years or less

7. Kap.: „Johannes Daniel Falk, ein Helfer in der Not", S. S. 26.
Beschreibung: Johann Daniel Falk, Datum: etwa 1800, Quelle: http://museum-digital.de/nat/index.php?t=objekt&oges=954, Urheber: Unbekannter Künstler, Genehmigung (Weiternutzung dieser Datei): Gleimhaus Halberstadt. - Dies ist eine originalgetreue fotografische Reproduktion eines zweidimensionalen Kunstwerks. Das Kunstwerk an sich ist aus dem folgenden Grund gemeinfrei: Dieses Werk ist gemeinfrei, weil seine urheberrechtliche Schutzfrist abgelaufen ist. Dies gilt für das Herkunftsland des Werks und alle weiteren Staaten mit einer gesetzlichen Schutzfrist von 70 oder weniger Jahren nach dem Tod des Urhebers.

8. Kap.: „Der Teetisch der Johanna Schopenhauer", S. 29.
Description: Portrait of Adele Schopenhauer (1797–1849), owned by the Goethe-Nationalmuseum. Date: 1841, Source: Scanned from a reproduction, located between p. 208 and 209 out of Adele Schopenhauer: Tagebuch einer Einsamen, edited by Prof. Dr. H. H. Houben, Verlag von Klinkhardt & Biermann, Leipzig 1921, Author Alexander von Sternberg (1806–1868). - This is a faithful photographic reproduction of a two-dimensional, public domain work of art. The work of art itself is in the public domain for the following reason: The author died in 1868, so this work is in the public domain in its country of origin and other countries and areas where the copyright term is the author's life plus 100 years or less.

9. Kap.: „Freundschaftsdienst", S. 31.
Description: Karl Ludwig Fernow (1763–1808). Date: 1802, Source: scanned by uploader, Author: Gerhard von Kügelgen (1772-1820). - This work is in the public domain in its country of origin and other countries and areas where the copyright term is the author's life plus 100 years or less.

10. Kap.: „Traumland Italien", S. 33.
Artist: Johann Friedrich August Tischbein (1750–1812), Object type: painting, Genre: portrait, Beschreibung: Herzogin Anna Amalia von Sachsen-Weimar und Eisenach, geb. Prinzessin von

Braunschweig-Lüneburg. Date: 1795, Medium oil on canvas, Dimensions: Height: 39 cm, Width: 47 cm, Collection: Gleimhaus, Source / Photographer: http://museum-digital.de/nat/index.php?t=objekt&oges=916, Permission: (Reusing this file) Gleimhaus Halberstadt. - This is a faithful photographic reproduction of a two-dimensional, public domain work of art. The work of art itself is in the public domain for the following reason: This work is in the public domain in its country of origin and other countries and areas where the copyright term is the author's life plus 100 years or less.

11. Kap.: „Schwärmerei", S. 36.
Artist: Angelica Kauffman (1741–1807), Title: Self-portrait, Object type: painting, Genre: self-portrait, Description: Die Künstlerin malte sich hier im Alter von 42 Jahren in weichen Farbtönen und mit einem modisch um ihr fülliges Haar gewundenen Turban. Depicted people: Angelica Kauffman, Date: 1784, Medium: oil on canvas, Dimensions: Height: 64,8 cm, Width: 50,7 cm, Collection: Neue Pinakothek, Accession number: 1056 (Bavarian State Painting Collections), Notes English: Acquired probably in 1826 by Dillis for King Ludwig I of Bavaria, References described at URL: https://www.sammlung.pinakothek.de/en/bookmark/artwork/Pdxz0aAVGw, Source / Photographer, Own Work, Photo taken by Cybershot 800i in the Neue Pinakothek, Munich, Permission: (Reusing this file), seit 1835 im Eigentum der Bayerischen Staatsgemäldesammlung. - This is a faithful photographic reproduction of a two-dimensional, public domain work of art. The work of art itself is in the public domain for the following reason: This work is in the public domain in its country of origin and other countries and areas where the copyright term is the author's life plus 100 years or less.

12. Kap.: „Eine emanzipierte Frau", S. 39.
Künstler: Nach François Gérard (1770–1837), Marie Eléonore Godefroy (1778–1849), Titel: Portrait of Mme de Staël, Objektart: Gemälde, Genre: Porträt, Description English: Portrait of Mme. de Staël mentioned in Women painters of the world, from the time of Caterina Vigri, 1413-1463, to Rosa Bonheur and the present day, by Walter Shaw Sparrow, The Art and Life Library, Hodder & Stoughton, 27 Paternoster Row, London. Abgebil-

dete Personen: Anne Louise Germaine de Staël, Datum: etwa 1818-1849, Technik: Öl, Maße: Höhe: 116 cm, Breite: 83 cm, Sammlung: Schloss Versailles, Inventarnummern: MV 4784, INV 4881, MN 17, Provenienz Collection Juliette Récamier ; accroché en pendant du portrait de Chateaubriand dans le salon du grand appartement du premier étage de l'Abbaye-aux-Bois, 1849; legs. de Madame Récamier, mai 1849, Referenzen: wird beschrieben in URL: http://collections.chateauversailles.fr/#454573e1-d8d7-4abd-b47e-64dbcc04aa8b, Datenbank Joconde: Eintrag 000PE008455, beschrieben in: Women Painters of the World, Normdatei: Q23008969, Joconde: 000PE008455, Herkunft / Fotograf: http://forum.artinvestment.ru/blog.php?b=276865&langid=5, andere Versionen: http://www.gutenberg.org/files/39000/39000-h/39000-h.htm. - Dies ist eine originalgetreue fotografische Reproduktion eines zweidimensionalen Kunstwerks. Das Kunstwerk an sich ist aus dem folgenden Grund gemeinfrei: Dieses Werk ist gemeinfrei, weil seine urheberrechtliche Schutzfrist abgelaufen ist. Dies gilt für das Herkunftsland des Werks und alle weiteren Staaten mit einer gesetzlichen Schutzfrist von 100 oder weniger Jahren nach dem Tod des Urhebers.

13. Kap.: „Kein 'Licht der Welt'", S. 41.
Beschreibung: Porträt von Johann Karl August Musäus, Datum Commons upload by Tohma 11:27, 3. June 2006 (UTC), Quelle: Originally from de.wikipedia; description page is (was) here 17:16, 10. Okt 2004 Manu 200 x 276 (20.767 Byte), Urheber: User Manu on de.wikipedia. - Dieses Werk ist gemeinfrei, weil seine urheberrechtliche Schutzfrist abgelaufen ist. Dies gilt für das Herkunftsland des Werks und alle weiteren Staaten mit einer gesetzlichen Schutzfrist von 70 oder weniger Jahren nach dem Tod des Urhebers.

14. Kap.: „Warten auf den Messias", S. 46.
Beschreibung: Herzogin Luise von Hessen-Darmstadt, gemalt von Georg Melchior Kraus, Ölgmeälde, Grossherzoglicher S.-Weimarerischer Privatbesitz (1932), Datum: 18. Dezember 2006, Quelle: Hans Wahl, Anton Kippenberg: „Goethe und seine Welt", Insel-Verlag, Leipzig 1932 S. 59, Urheber: Georg Melchior Kraus (1737–1806). - Dieses Werk ist gemeinfrei, weil seine urheberrechtliche Schutzfrist abgelaufen ist. Dies gilt für das Herkunfts-

land des Werks und alle weiteren Staaten mit einer gesetzl. Schutzfrist von 100 oder weniger Jahren nach dem Tod des Urhebers.

15. Kap.: „Ihr Kinderlein kommet“, S. 48.
Beschreibung: Christoph Martin Wieland, 1733-1813, deutscher Dichter. Datum: 19. Jahrhundert, Quelle: Carte de Visite, Foto 5,7 x 8,7 cm. Urheber nach einem Gemälde von Ernst Hader, herausgegeben 1877 von Sophus Williams Verlag Berlin. - Dieses Werk ist gemeinfrei, weil seine urheberrechtliche Schutzfrist abgelaufen ist. Dies gilt für das Herkunftsland des Werks und alle weiteren Staaten mit einer gesetzlichen Schutzfrist von 70 oder weniger Jahren nach dem Tod des Urhebers.

16. Kap.: „Der Wettstreit“, S. 50.
Description: Heinrich von Kleist (1777-1811), Dichter; Kreidezeichnung nach verschollenem Miniaturbild von Wilhelmine von Zenge; 25cm x 20 cm, Date: (scannd 28-Mai-2009) unknown, Source: Die großen Deutschen im Bild (1937), Author: scannd by Michael Schönitzer unknown. - This work is in the public domain in its country of origin and other countries and areas where the copyright term is the author's life plus 70 years or less.

17. Kap.: „Total genial“, S. 53.
Beschreibung: Drei Figurenstudien für Menzels Illustrationen zu Heinrich von Kleists Lustspiel „Der zerbrochne Krug“, erschienen bei A. Hofmann & Co., Berlin 1877. Bleistiftzeichnung, unten mittig monogrammiert, auf Velin. 24,8 x 14,8 cm, Blattgröße (am linken Rand mit schmalem hochrechteckigen Papierausschnitt bis zur Blattmitte). Datum: 1877, Quelle: http://www.kettererkunst.de, Urheber: Adolph von Menzel (1815–1905). - Dies ist eine originalgetreue fotografische Reproduktion eines zweidimensionalen Kunstwerks. Das Kunstwerk an sich ist aus dem folgenden Grund gemeinfrei: Der Urheber dieses Werks ist 1905 gestorben; es ist daher gemeinfrei, weil seine urheberrechtliche Schutzfrist abgelaufen ist. Dies gilt für das Herkunftsland des Werks und alle weiteren Staaten mit einer gesetzl. Schutzfrist von 100 oder weniger Jahren nach dem Tod des Urhebers.

18. Kap.: „Romantische Weihnacht“, S. 55.
Beschreibung: Caroline Schlegel, Urheber: verschiedene Ver-

leger, Titel: „Die Gartenlaube" (Bild von Seite 597), Bildunterschrift: „Karoline", Veröffentlichungsdatum: 1871, Erscheinungsort: Leipzig, Quelle: Scan des Originals. - Dieses Werk ist gemeinfrei, weil seine urheberrechtliche Schutzfrist abgelaufen ist. Dies gilt für das Herkunftsland des Werks und alle weiteren Staaten mit einer gesetzlichen Schutzfrist von 80 oder weniger Jahren nach dem Tod des Urhebers.

19. Kap.: „Überraschung", S. 57.
Description: Auguste Böhmer, daughter of Caroline Böhmer - Schlegel - Schelling, Date: circa 1797, Source: private archive, Author: Unknown, Permission: (Reusing this file) private archive. - This work is in the public domain in its country of origin and other countries and areas where the copyright term is the author's life plus 70 years or less.

20. Kap.: „Nicht mit Samthandschuhen", S. 59.
Beschreibung: Christiane Vulpius (1765-1816) im Jägerhaus Goethes Wohnung in Weimar. Zeichnung von Johann Heinrich Lips. Das Bild zeigt die siebenundzwanzigjährige Mutter des kleinen August im Jägerhause, das Goethe vorübergehend bewohnte. Datum: 31. Januar 2007, Quelle: Hans Wahl, Anton Kippenberg: „Goethe und seine Welt", Insel-Verlag, Leipzig 1932, S. 127, Urheber Johann Heinrich Lips (1758–1817). Dieses Werk ist gemeinfrei, weil seine urheberrechtliche Schutzfrist abgelaufen ist. Dies gilt für das Herkunftsland des Werks und alle weiteren Staaten mit einer gesetzlichen Schutzfrist von 100 oder weniger Jahren nach dem Tod des Urhebers.

21. Kap.: „Freuden des Winters", S. 63.
Beschreibung: Charlotte von Lengefeld; Stahlstich auf 28,0 x 19,4 cm, Blatt von Andreas Fleischmann nach Friedrich Pecht. Datum: Unbekannt, Quelle: William A. Speck Collection, Beinecke Library, Yale University; direct link, Urheber: Andreas Fleischmann. Dieses Werk ist gemeinfrei, weil seine urheberrechtliche Schutzfrist abgelaufen ist. Dies gilt für das Herkunftsland des Werks und alle weiteren Staaten mit einer gesetzl. Schutzfrist von 70 oder weniger Jahren nach dem Tod des Urhebers.

22. Kap.: „Steile Karriere“, S. 65.
Künstler: Johann Friedrich August Tischbein (1750–1812), Titel: Friedrich Justin Bertuch (1747–1822), Objektart: Gemälde, Datum: 1796, Technik: Öl auf Leinwand, Sammlung Gleimhaus, Herkunft / Fotograf: Unbekannt. - Dies ist eine originalgetreue fotografische Reproduktion eines zweidimensionalen Kunstwerks. Das Kunstwerk an sich ist aus dem folgenden Grund gemeinfrei: Dieses Werk ist gemeinfrei, weil seine urheberrechtliche Schutzfrist abgelaufen ist. Dies gilt für das Herkunftsland des Werks und alle weiteren Staaten mit einer gesetzlichen Schutzfrist von 100 oder weniger Jahren nach dem Tod des Urhebers.

23. Kap.: „Bethlehem - Weimar“, S. 67.
Künstler: Johann Ernst Heinsius (1731–1794), Titel: Herzog Carl August von Sachsen-Weimar (1757-1828), Ölgemälde von Johann Ernst Heinsius, dem Kabinettsmaler der Herzogin Anna Amalia vom Jahre 1773-1774, zeigt den jungen Herzog als Rektor der Landesuniversität, am nächsten der Zeit der Bekanntschaft mit Goethe in Frankfurt, die zur Einladung nach Weimar führte. Datum: etwa 1773, Technik: Öl, Sammlung: Unidentified location, Herkunft / Fotograf: (Originaltext: Hans Wahl, Anton Kippenberg: Goethe und seine Welt, Insel-Verlag, Leipzig 1932 S.68). - Dies ist eine originalgetreue fotografische Reproduktion eines zweidimensionalen Kunstwerks. Das Kunstwerk an sich ist aus dem folgenden Grund gemeinfrei: Dieses Werk ist gemeinfrei, weil seine urheberrechtliche Schutzfrist abgelaufen ist. Dies gilt für das Herkunftsland des Werks und alle weiteren Staaten mit einer gesetzlichen Schutzfrist von 100 oder weniger Jahren nach dem Tod des Urhebers.

24. Kap.: „Bäume leuchtend“, S. 70.
Beschreibung: Weihnachtsbaum von Königin Victoria und deren Gatten Albert. Urheber bzw. Nutzungsrechtinhaber: „The Illustrated Londons News“, Datum: 1848. - Die Schutzdauer für das von dieser Datei gezeigte Werk ist nach den Maßstäben des deutschen, des österreichischen und des schweizerischen Urheberrechts abgelaufen. Es ist daher gemeinfrei.